Liebe in der Ehe

Liebe in der Ehe

So entfachst du, das Feuer der

Leidenschaft wieder neu.

Impressum

2. Auflage

Die Deutsche Nationalbibliothek verzeichnet diese Publikation in der Deutschen Nationalbibliografie; detaillierte bibliografische Daten sind im Internet über _dnb.dnb.de_ abrufbar.

© 2021 P. Point Gwendoline
ISBN: 9783754347072

Herstellung und Verlag: BoD – Books on Demand, Norderstedt

VORWORT **9**

3 PUNKTE SYSTEM **11**

    PUNKT EINS: 12
    PUNKT ZWEI.. 12
    PUNKT DREI: (DER WICHTIGSTE ÜBERHAUPT) 13

UMSETZUNG!...**17**

NEIGUNGEN UND PHANTASIEN..............................**22**

KLEINE HELFER **24**

DIE 7 TAGE SEX REGEL **30**

TIPPS FÜR DEN ALLTAG **34**

KOMMUNIKATION, LIEBE UND LEIDENSCHAFT........**39**

SO SEHR IST SEX IN DER EHE WICHTIG.....................**42**

WARUM FRAUEN SICH MISSVERSTANDEN FÜHLEN...**44**

SEIEN WIR DOCH MAL GANZ EHRLICH **51**

    VORSCHLAG NR.1 51
    VORSCHLAG NR.2: 52
    ALS NÄCHSTES WIRD ES BUNT 53

FRAUEN MACHT MIT IM BETT!...........................**55**

MUSS EINE FRAU IMMER KOMMEN? **60**

KURZGESCHICHTE KANN ZU ROLLENSPIEL VERHELFEN
....**63**

SCHLUSSWORT **68**

VON GANZEM HERZEN...................................**69**

Vorwort

In unserer heutigen hektischen und immer schneller werdenden Zeit, mit all diesen technischen Errungenschaften, die mehr Zeit rauben als sparen, wird es Langfristig schwieriger die Balance zwischen „nur noch kurz" und einem harmonischen Leben, zu halten. Wir fühlen uns gestresst. Sind unzufrieden und wollen einfach nur alles schnell erledigen, damit wir endlich mal abschalten können. Aber nicht diese Dinge belasten unser Liebesleben und die Lust auf etwas Spontanes, oder vielleicht auch etwas Verrücktes zu tun.

Es sind auch unsere Verpflichtungen die uns in vielen Situationen daran hindern, uns unserer Lust völlig hin zu geben. Wie oft kommst du an eine Situation an denen dir folgendes durch den Kopf schießt: Jetzt wäre der perfekte Augenblick deinen Partner zu umarmen oder einen leidenschaftlichen Kuss zu geben, und dann ins Ohr zu flüstern:

„Auf dem Heimweg machen wir einen kleinen Abstecher, da zeige ich dir was ich mit meinen Lippen sonst noch alles kann"

Aber das kannst du nicht tun, weil du z.B. gerade mit den Kindern und den Schwiegereltern unterwegs bist.

Es ist wichtig für dich persönlich und deinem Partner, Zeit zu haben und sich die Zeit zu nehmen!

Am wichtigsten ist jedoch die Kommunikation. Rede mit deinem Partner, sag es, wenn dich etwas belastet oder einfach nur reden willst.

Ich zeige dir einige Tricks und gebe auch Tipps, wie du wieder Freude, Liebe und vor allem Leidenschaft in deine Beziehung bringst.

3 Punkte System

Jeder kennt das Problem: Nach einem langen und stressigen Arbeitstag kommt man nach Hause, dann müssen entweder die Kinder versorgt werden, oder das Abendessen muss noch zubereitet werden.

Kaum ist man fertig mit dem Abendmahl, kommt bereits der Abwasch.
Wenn man Pech hat, ist die Wäsche noch dran oder es schleicht sich ein wichtiges Telefonat dazwischen, das schier unendlich lange geht.
All diese Dinge können dazu führen, dass dein Liebesleben sowie die Beziehung und die Kommunikation mit deinem Partner, darunter leidet und zu kurz kommt.

Wie ist es da noch möglich, ein normales oder wenigstens ein regelmäßiges, aktives Liebesleben führen zu können?
Wie kannst du das Gefühl des Verliebt sein, wieder hervorrufen? Oder den Sex haben, den

ihr hattet bevor die Kinder kamen, oder die Stellenbeförderung, die dir heute sehr viel abverlangt?

Hier lernst du in wenigen Schritten, genau dieses Gefühl, DEN Sex und die Gelassenheit wieder zu erlangen, um wieder ein aufregendes Liebesleben genießen zu können.

Punkt eins:

Der wichtigste und **erste Punkt** ist: Zu wissen *WAS ICH WILL*. Möchte ich mehr Zeit
mit meinem Partner verbringen? Will ich mehr Sex? Oder möchte ich mehr
Abwechslung im Schlafzimmer?
Mach dir eine Liste mit den Dingen die du ändern willst.
Angefangen mit dem Punkt, den du als erstes geändert haben willst.

Punkt zwei:

Ergänze zu den jeweiligen Punkten, was du genau ändern willst.
Zum Beispiel mehr Sex = von einmal im Monat, zu einmal in der Woche.

<u>Punkt drei:</u> (Der wichtigste überhaupt)

Rede mit deinem Partner darüber, was du ändern willst. Lade doch deinen Schatz zum Essen ein. Oder frag Verwandte ob sie einige Stunden, auf die Kinder aufpassen können. Dann kochst du, das Lieblingsessen, oder wenn du es lieber magst, könnt ihr auch in
euer Lieblings Restaurant gehen.

<u>Wobei eins hier ganz wichtig ist:</u>

Wenn ihr Essen geht, fall um Gotteswillen nicht gleich mit der Tür ins Haus. Da es in der Öffentlichkeit ist, fühlt man sich wesentlich unsicherer und ein Eindruck von einem „Hinterhalt" könnte entstehen.

Wenn ihr jedoch zu Hause esst, kannst du ganz offen über das sprechen, was dich
beschäftigt.

Überleg dir vorher, wie du das Thema am besten ansprichst.
Gehe das Gespräch einmal mit dir selbst durch, und hinterfrage auch deine Argumente,
denn dein Partner, wird das mit Sicherheit tun.

Achte beim Gespräch selbst, deinen Partner nicht anzugreifen. Wenn es darum geht,
unseren Standpunkt klar zu machen neigen wir oft dazu, einen forschen Ton anzuschlagen. Wir wollen ja schliesslich, dass unser Gegenüber zuhört und nicht gleich wieder dicht
macht.

Verwende Sätze wie: «Es wäre schön, mehr Zeit mit dir zu verbringen.»

Anstelle von: «Du bist ständig unterwegs.» Oder: «Du bist nie da.»

Du darfst aber auch sagen: «In letzter Zeit fühle ich mich einsam. Könntest du dir Zeit für
uns nehmen?» Oder: «Es wäre schön, wieder gemeinsam etwas zu unternehmen.»

So zeigst du deinem Schatz, dass du sie/ihn vermisst und auch noch Interesse an der Beziehung hast.

Wenn das Gespräch so verlaufen ist, wie du dir das vorgestellt hast, müssen Taten folgen!

Vor dem Essen bereitest du das Schlafzimmer vor: Musik (Handy und Lautsprecher) ausser du hast noch einen Ghettoblaster, dann legst du dort eure CD ein!

Massageöl! Frauen lieben es, Massiert zu werden. (Ja ich weiss, die Männer hassen es zu massieren, aber es wird sich lohnen. Vertrau mir ;-)
Zusätzliche Option: Ein neues oder auch ein alt bewährtes Liebestoy, gut versteckt aber dennoch für dich gut greifbar, bereitstellen.

PS: Steck eine Schlafmaske oder eine Augenbinde in deine Tasche. Warum? Das siehst du gleich.

So, nun kann der Abend seinen Lauf nehmen und sobald das Dinner vorbei ist, und die Themen besprochen wurden, geht es rüber ins private Liebesnest.

Ja, dein Schatz ist zu Recht positiv überrascht. Ich sagte dir doch, vertrau mir! Und nun
holst du die Augenbinde hervor, und lässt es dunkel werden. Sag immer, oder gib zu
spüren, was du als nächstes tust. Da die Augen verbunden sind, fühlt sich alles viel
intensiver an.

Hier noch ein kleiner Hinweis: Verbinde bitte die Augen, deines Gegenübers nicht deine. Ansonsten könnte es komisch werden ;-)

Sanft beginnst du deinen Partner auszuziehen. Flüstere immer wieder Dinge ins Ohr, um die Stimmung weiter anzuheizen.

Es dürfen ruhig auch schmutzige Wörter gebraucht werden. Lass deiner Fantasie freien Lauf, der Rest ergibt sich dann von alleine.

Versuch das Toy ins Spiel einzufließen, du wirst gleichsehen, ob es gemocht wird oder nicht.

Gratuliere, der erste Schritt in die richtige Richtung ist getan.

Umsetzung!

Jetzt da die erste Hürde gemeistert ist, bleibt die Frage: Und jetzt?

Wie kann ich das weiterhin, so schön mit meinem Partner haben?

Es gibt da diverse Kleinigkeiten, die Sie tun können, um das Knistern beizubehalten:

Es gibt da diverse Kleinigkeiten, die du tun kannst, um das Knistern beizubehalten:

Schreibt einander tagsüber eine SMS und nicht vergessen, auch etwas schmutziges beizufügen, wie zum Beispiel: «Na mein Hängst, hast du dich schon erholen können.,» Oder, «Bist du noch etwas ausgepumpt von gestern?»

Eine andere Variante wäre diese hier: «Hi mein kleines Luder, pocht dein Hintern noch oder geht's wieder mit sitzen?» Und dazu ein kleiner Smiley das frech grinst.

Solche kleinen und schmutzigen Nachrichten, lassen euch nicht nur das Erlebte, noch einmal durch den Kopf gehen, die machen auch Lust auf mehr.

Ihr werdet immer wieder auf das schreiben zurückgreifen, da es eine nette und lustvolle Abwechslung vom Alltag ist.

Nutze die SMS auch als kleines Vorspiel, für den späteren Zeitpunkt.

Wenn du gerade Lust auf deinen Partner hast, so lassen es deinem Partner doch wissen. Nichts macht einem mehr Freude und auch etwas scharf, wie eine versaute Nachricht vom Schatz zu erhalten.

Schreibe so wie du es gerade empfindest. Wenn du geil bist, dann schreibe es auch.

«Ich bin gerade so heiß auf dich. Wärst du jetzt hier, würde ich dich auf meinen Schreibtisch legen, dann zuerst genüsslich lecken und dich dann richtig hart rann nehmen»

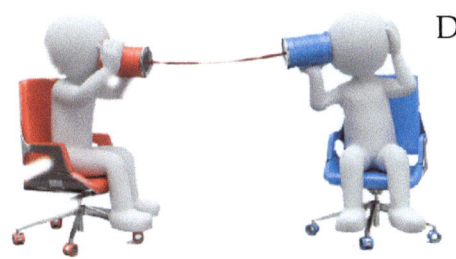

Du wirst garantiert nicht lange auf eine Antwort warten müssen.

Und Spätestens, wenn du deinen Hängst oder Luder, vor dir hast bekommst du deine Belohnung direkt und ohne grosse Worte
serviert.

Kleine Dinge, können schon großes bewirken.
Das Wichtigste in einer Partnerschaft,
ist und bleibt die KOMMUNIKATION.
Eine gesunde und standfeste Beziehung, kann nur mit viel und offener Verständigung verankert werden.

Sage deinem Schatz was deine Fantasien, Lüste, Wünsche und Neigungen sind.
Ratsam ist es immer darüber zu sprechen, wenn du weißt, dass auch genügend Zeit
dafür ist. Nichts ist nerviger als wenn ein Gespräch mittendrin abgebrochen werden

muss und zu einem späteren Zeitpunkt, verschoben wird. Dann kannst du es auch gleich sein lassen. Der Faden lässt sich dann schwer wieder finden.

Ein Wissenschaftler wurde gefragt: «Wan ist der beste Zeitpunkt für ein Gespräch
über heikle Themen.» Seine Antwort, so einleuchtend und wahr: «Eigentlich immer, ausser nachts. Denn da schläft der Verstand, vor allem der männliche. Der weibliche hingegen, kommt erst in Fahrt.»
(Mein Mann hatte also all die Jahre, vollkommen recht. Aber das muss ich ihm ja
nicht verraten ;-)

Auch auf leerem Magen, lässt es sich nicht vernünftig reden.
Stelle also sicher, dass der Magen zufrieden und die Uhrzeit richtig ist, bevor du ein schwieriges Thema anschneidest.

Heikle oder Spezielle Themen erfordern immer etwas Vorbereitung. Wenn du z.B.

mit deinem Partner einen Erotikfilm sehen möchtest, dann frage vorher mit
bedachten Worten, welchen sie holen, runterladen, oder selbst drehen sollen.

Geh nicht einfach los um dann mit einem Film zurück zu kehren, der mit großer Wahrscheinlichkeit, der falsche sein könnte.
Frauen mögen weniger Filme die den Titel: «Monster Titten», oder «Behaarte Muschis» tragen.

Frauen mögen Filme die eine Handlung haben oder Romantisch aufgebaut sind.
So oder so, beide Partner können sich überwinden und sich mal einen Film ansehen der ihr oder ihm gefällt.
Es wird sich sicher für beide Lohnen.

Neigungen und Phantasien

Beim Thema Neigungen oder spezielle Fantasien ist es sehr wichtig auf den Partner einzugehen. Dies gilt für beide Seiten. Sei offen, hör zu und frag bitte nach, wenn du
mehr wissen willst oder allgemeine Fragen hast.

Besonders wichtig:

Stell deinen Partner weder bloß, noch mach ihn nieder. Sexuelle Vorlieben, Neigungen oder Fantasien, können wir uns nicht aussuchen, geschweige denn unterdrücken. Sie gehören zu uns, wie es unser Charakter und Persönlichkeit tut.

Sollten die Neigungen, Fantasien und Wünsche, nicht deine Vorstellungen entsprechen, so erkläre das deinem Partner und vielleicht findet sich ein Weg, die Fantasie in das Liebesleben einfließen zu lassen.

Vielleicht nicht ganz in dem Masse wie es am liebsten gewünscht ist, aber etwas „Softer".

Anstatt die Augen zu verbinden, die Hände und Füße ans Bett zu fesseln und dann auspeitschen, wäre es besser zwei Stufen runter zu schalten. Für den Anfang nur mal die Augen verbinden und anstelle von auspeitschen, liebkost ihr den Körper und küsst euch dann leidenschaftlich.

Du musst jedoch nur so weit gehen, wie du dich wohl fühlst. Alles andere bringt nichts.

Nicht vergessen:
Auch hier ist es wichtig, dass ihr miteinander sprecht. Du musst sagen, wie weit du gehen willst.

Kleine Helfer

Ein erfülltes und abwechslungsreiches, sowie regelmäßiges Leibesleben zu führen, erfordert Fantasie, Spontanität - so weit wie es möglich ist, etwas Organisation und
nicht zuletzt Leidenschaft.
Wenn eure Liebe etwas Pepp und frischen Wind benötigt, dann sind folgend Punkte hilfreich:

- Geh mit deinem Partner dorthin spazieren, wo ihr euch kennengelernt habt.

- Leih dir den Film   aus, der euch beide zum Lachen bringt und euch noch Tage danach zum Schmunzeln bringt.

- Hinterlasse kleine Nachrichten auf einem Post-it, mit der Botschaft:
  „Ich liebe und vermisse Dich", und bringe ihn am Badezimmer Spiegel an.
  Ein schöneres Glücksgefühl am Morgen gibt es kaum.

- Lass längst vergessene Gefühle wieder aufblühen. Schreib dir auf, was du an deinem Schatz liebst.

  Was verbindet euch? Was würdest du an ihm/ihr vermissen, wenn es nicht mehr da wäre?

Solche Dinge können, Glücksgefühle hervorrufen und sich auch positiv, auf euer Liebesleben auswirken. Versucht so spontan wie möglich Sex zu haben. Es ist auch mir klar, dass es nicht immer möglich ist, und womöglich muss vorher die Obhut der

Kinder organisiert werden. Frag Oma oder Opa der Kids, ob es möglich wäre, dass die kleinen über Nacht bleiben dürfen. Jeder hat sich mal eine Auszeit, vom Familienstress verdient. Auch ihr zwei!

Überrasche deinen Partner mit einem einzigartigen Wochenende ohne es vorher anzukündigen.

Folgendes könnte dabei helfen, das ganze prickelnder zu gestalten:

Du gehst zur Arbeit dann im Verlauf des morgens, organisierst du die Unterkunft für
die Kinder.
Überleg dir ob du zum Abendessen selber etwas kochen willst, oder ob du deinen
Partner ausführen möchtest, mit anschließender Übernachtung im Hotel?

Jetzt da alles organisiert ist, schnappst du dir das Handy und beginnst deinem Schatz
zu schreiben: «Ich vermisse dich.»

Die Antwort wird nicht lange auf sich warten lassen und zurück kommt bestimmt folgendes:
«Ich dich auch»

Du: «Nicht nur ich alleine vermisse dich.» Und dazu ein Smiley (Es steht dir frei auszuwählen, welches hier passend wäre ;-)
Zurück kommt dann wahrscheinlich: «Ach, wer denn noch?»

Jetzt kannst du dich entscheidest: Entweder weiterschreiben, oder direkt ein Bild zu senden.

Denn ein Bild sagt mehr als 1000 Worte. Die Wahrscheinlichkeit, dass du ebenfalls
ein Bild erhalten wirst ist groß.

Schreib weiter hin und her, solange wie es Spaß macht ;-)

Nun ist der Zeitpunkt der Überraschung da.

Dein kommt, nichts ahnend zur Tür rein,
du kommst entgegen und sagst: « Zieh deine Jacke nicht aus, ich führ dich aus.»

Die Tasche mit den Sachen die ihr zur Übernachtung benötigt, ist bereits gepackt und im Kofferraum des Autos verstaut. Ab geht's an den Ort wo ihr keine Eltern, Filialleiter, Büroangestellter oder Drachenzähmer seid. Jetzt seid ihr ein verliebtes Paar die es sich nicht nehmen lassen werden, die Zweisamkeit zu genießen.

Zeig deine Gefühle und freu dich auf eine aufregende Nacht.

Ein Tipp am Rand:

Plane nichts für diese Nacht. Lass dich auf eine aufregende und schöne Nacht, mit
deinem Partner ein. Lasst euch gehen und tut das, wo nach euch gerade der Sinn steht.
Auch laut stöhnen ist erlaubt! Denn es sind ja keine Kinder da, die euch hören
können ;-)

Sei Gefühlvoll, Leidenschaftlich und liebe deinen Partner so, wie du es schon lange
nicht mehr getan hast.

Verwöhnt einander mit einer Massage. Gönnt euch ein gemeinsames Bad.

Ein Andenken:

Schieße ein Foto von euch beiden, wie ihr völlig ausgepowert aber zufrieden, auf den zerknitterten Lacken liegt. Dieses Bild soll euch später als

schöne Erinnerung aber auch, als Ansporn die-
nen, ein solches Erlebnis zu wiederholen.

Legt euch eine Erinnerungsschatulle an. Da
könnt ihr jede Karte oder Erinnerung – so wie
das Foto – reinlegen und wer weiß, womöglich
gibt dir das auch einen kleinen Kick, wieder mal
was für deinen Partner zu tun. Dann hast du bereits ein weiteres Souvenir,
das da drin versorgt werden kann ;-)

Die 7 Tage Sex Regel

Mit Sicherheit weißt du was mit dieser Regel gemeint ist. Aber um mögliche Missverständnisse zu vermeiden, erläutere ich es kurz:

Ihr werdet 7 Tage lang Täglich miteinander Sex haben! Egal zu welcher Uhrzeit, egal wie oder wo, das spielt alles keine Rolle.
Nur einmal am Tag, während den nächsten sieben Tagen. Das ist die einzige Regel, die ihr befolgen müsst.

Was das bringen soll, fragst du? Die Antwort ist ganz einfach:
Diese Regel bringt euch als Paar zusammen und stärkt eure Beziehung um ein Vielfaches.

Ich weiß es erfordert Spontanität, Disziplin und nicht zu vergessen: Zeit. Aber wo ein Wille ist da ist auch ein Weg.

Ich lasse dich nicht ins kalte Wasser springen und überlasse dich dieser Aufgabe alleine. Ich werde dich dabei begleiten.

Zur Planung dieser Sieben Tage einige Vorbereitungen:

- Wähle eine Woche noch in diesem Monat. Vorzugsweise eine, in der ihr beide nicht allzu Stress bei der Arbeit habt und Zeitig zuhause seid.

- Sprich mit deinem Partner darüber, was du in den nächsten Tagen mit ihm/ihr, vorhast.

- In dieser Woche werdet ihr jeden Tag miteinander mindestens einmal Sex haben. Ich überlasse es euch, ob ihr nur ein Quickie im Auto oder ausgiebigen Sex mit Vorspiel und allem Drum und Dran haben wollt. Wichtig ist nur, dass ihr Sex habt.

Es ist auch völlig normal, dass es am Anfang etwas holprig voran geht, aber ab dem dritten Tag geht es wie von alleine und ihr werdet die Tage mit der Zeit nicht mehr zählen.

Dieses Experiment wurde bereits mit vielen Paaren durchgeführt und eine Sache war bei allen Paaren gleich:

Sie fühlten sich einander viel näher. Der regelmäßige Verkehr hat sich eingependelt.

Und die Kommunikation hat sich verbessert.

Diese 7 Tage Sex Regel, hat die Beziehung gerettet!

Ein solches Ergebnis zeigt, dass diese Regel funktioniert. Heißt aber nicht, dass dies alleine alle Probleme löst.

Zeigt aber, wie wirksam diese Methode die Beziehung positiv beeinflusst.

Sprich mit deinem Partner nach dem Sex darüber, wie du dich gerade fühlst. Wenn es dir oder deinem Partner hilft, könnt ihr auch ein Tagebuch führen.

Schreibt gemeinsam auf was euch heute besonders gut gefallen hat. Nur keine Scheu, es darf ruhig versaut sein

Es gibt noch viele Möglichkeiten, wie du gemeinsam mit deinem Partner mehr Freude, Liebe,
Leidenschaft und Erotik in die Beziehung einfließen lassen könnt.

Tipps für den Alltag

Einfach mal wieder etwas Romantik in die Beziehung fließen lassen. Wie das geht?
Ich zeige euch ein paar einfache Tricks, wie ihr wieder etwas Romantik und das erloschene Feuer zum knistern bringt:

Tipp Nr.1

Dirty Talk. „Erzählen Sie ihm eine heiße Geschichte und lassen es Wirklichkeit werden!"
Hier mal ein Beispiel:
„Ich mache mich bereit um zu duschen. Du triffst einige Minuten später zu Hause ein, und hörst das Wasser laufen. Dir ist sofort klar, wo ich mich gerade befinde.
Hin und her gerissen ob du dazu kommen sollst oder nicht, entscheidest du dich schlussendlich fürs gemeinsame duschen. Deine Klamotten landen auf den Boden, dann machst du dich auf leisen Sohlen auf dem Weg zu mir in die Kabine...Jetzt schreib mir wie es weitergeht ;-)

Tipp Nr.2

Öde Unterwäsche? Bye Bye! „Zieh neue und heiße Dessous an um ihn damit zu
überraschen"
Es gibt keinen größeren Romantikkil-
ler, als alte und womöglich noch kaputte Unterwäsche. Also ab an den PC und neue Wäsche
Orden. Oder wenn du magst, schnapp dir deine
beste Freundin um shoppen zu gehen ;-)

Tipp Nr.3

**Nutze das Handy. Schreib deinem Schatz eine
scharfe SMS, wie:**

**Sitze gerade im Auto und denke an dich.
An deine Lustvollen Lippen, wie sie mich
Küssen und dabei deine langen Finger mir
vom Hals runter auf meine Brust
wandern....**

**Dein Partner wird sofort zu dir
kommen wollen.**

Kleine Nachrichten, mit einem Post-it hinterlassen, ist eine liebevolle Idee und lässt den Tag mit einer guten Laune beginnen. Es gibt nichts schöneres, wenn man am morgen aufsteht und eine kleine und liebevolle Nachricht am Badezimmer Spiegel entdeckt. Ein Aufsteller am morgen, der den ganzen Tag anhält.

Tipp Nr.5

Der in meinen Augen Wichtigste
Punkt von allen ist: Miteinander reden und Spaß haben. Sprecht über eure Wünsche und Erwartungen.
Sagt einander was ihr am anderen mögt.
Ihr werdet sehen, wenn eure Kommunikation stimmt,
dann stimmt auch eure Beziehung.
Anstatt jeden Abend neben einander auf der Couch zu
sitzen, holt ein erotisches Paarspiel und lasst die Würfel fallen.
Wird bestimmt nicht das einzige sein, das zu Boden
fällt ;-)

Tipp Nr. 6:

Holt die alte Zeit zurück. Wie das geht. Erinnerst du dich noch, wo du deinen Schatz kennengelernt hast? Oder wo ihr euer Erstes Date hattet? Gut, dann kehrt dorthin zurück. Entführe deinen Partner genau wieder dorthin. Wenn es sich zu Fuß erreichen lässt, dann spaziert dorthin. Ihr werdet schnell merken, wie es euch einfach fällt zu erzählen und zu Lachen. Die Orte sind wichtig um eine Beziehung zu stärken, um zurück zu schauen, was ihr zusammen bereits erreicht habt.

Kommunikation, Liebe und Leidenschaft

Die Liebe ist wie eine Blume um nicht zu sagen wie eine Orchidee. Diejenigen die sich mit einer Orchidee auskennen, werden wissen wie „schwierig" diese Blume sein kann. Zu wenig oder zu viel Licht schadet ihr. Die Nährstoffe müssen akkurat und in regelmäßigen Abständen dazu gegossen werden und die Pflege erfordert Zeit und Liebe.

Genau diese Eigenschaften braucht es für eine liebevolle und gut funktionierende Beziehung.

> *Verständigung* ist der Nährstoff der, die Beziehung stärkt
> Die *Liebe* ermöglicht der Beziehung zu wachsen und lässt dann die
> *Leidenschaft* in seiner ganzen Pracht erblühen

Viele Paare haben vergessen wie es ist, miteinander zu reden. Ein einfaches: „Schatz wie geht es dir?" oder ein „Guten Morgen, was hast du heute alles vor?" Reicht schon um ein Gespräch zu beginnen. Zeig Interesse am Gespräch, auch wenn ER wieder mal sein Auto waschen und Polieren geht, oder SIE in die Stadt geht um sich in den Läden etwas umschauen will. Hör zu!

Versuch mal was ganz verrücktes und begleite deine bessere Hälfte. Gehe mit ihm das Auto waschen und hilf mit. Wer weiß vielleicht stellst du dich noch besser an als Er.
Begleite deine Liebste zum Einkaufen. Wenn sie sich was zum Anziehen sucht, dann tu es ihr gleich und zieh was an, um sie dann um ihre Meinung zu fragen.

Ziege Initiative, nimm nur mal so als Beispiel: Den Schlauch in die Hand und wasche wie ein Profi den ganzen Dreck vom Auto. Schnapp dir den Schwamm und zeig was du draufhast. Du darfst sehr gerne auch etwas provozieren. Stöße ihn mit den Hüften an und sag, dass er im Weg steht. Blinzle ihn dabei schelmisch an.
Er wird diese neue Seite an dir lieben.

Geh nicht voreingenommen mit, sondern lass es einfach auf dich zukommen.

Wenn du mit ihr im Laden stehst: Beobachte sie, was Sie sich aussucht um zu sehen was sie so mag. Schlendere selbst im Laden rum. Halte Ausschau nach Unterwäsche. Such ihr was aus und gehen damit zur Kabine. Streck ihr die ausgesuchten Sachen durch den Vorhang hin, und bitte sie: „Ich hab was gefunden, probiere das bitte für mich mal". Vergewissere dich aber vorher unbedingt, dass es die richtige Kabine ist.

Rechne mit Widerstand. Aber du bist ja kreativ. Also kannst du sie ganz ruhig warnen: „Du kannst dich weigern, aber dann werde ich die Sachen anziehen." Keine Frau wird das zulassen, dass ihr Mann in der Öffentlichkeit sich so zum Affen macht.

Sollte sie sich trotzdem weigern, die Wäsche an zu ziehen, hier ein kleiner Tipp: Dann sag ihr lediglich: „Ok, wie du willst." Schnappst dir die Wäsche und gehst in die Kabine daneben, ziehst den Vorhang zu und fängst an

So sehr ist Sex in der ehe wichtig

Wie oft in der Woche, sollte ich Sex mit meinem Partner haben?

Diese Frage kann ich nicht beantworten. Was ich aber sagen kann ist, dass es wichtig ist mit dem Liebsten intim zu sein. Es stärkt die Bindung, man fühlt sich einander nahe und das wichtigste: Sex macht glücklich!

(Womöglich ist das auch der Grund, wieso danach alle mit einem Riesengrinsen
rumlaufen ;-)

Sei offen. Sprich mit deinem Partner über mögliche Wünsche und Fantasien. Animiere deinen Partner dazu, neues auszuprobieren. Schlussendlich spielt es keine Rolle ob ihr einmal in der Woche, alle zwei Wochen oder einmal im Monat miteinander Sex habt, solange es für euch so stimmt, ist alles in Ordnung.
Aber frag dich selbst:

„Bin ich zufrieden, so wie es läuft?"

„Wünsche ich mir mehr, als nur einmal in der Woche mit meinem Schatz intim zu sein?"

Womöglich kommt die Erkenntnis, dass es doch zu wenig ist.

Männer und Frauen haben unterschiedliche Vorstellungen darüber, wie oft genug oder zu viel ist. Was jedoch ganz normal sein kann ist, wenn gerade Flaute im Bett herrscht. Hier kann schon nur einen simplen Stellungswechsel, oder einem verlängerten Wochenende in einer anderen Stadt Wunder wirken.

Nutzt die Zeit um einander mit neuster Reizwäsche oder einem neuen Spielzeug zu überraschen.

Ziel ist es, dass euer Sex so gut wird, dass nach dem Akt, selbst deine Nachbarn raus gehen um eine zu rauchen ;-)

Warum Frauen sich missverstanden fühlen…

…und die Männer es ihnen nur recht machen wollen.

Frauen fühlen sich oftmals fehlinterpretiert und haben das Gefühl nicht gehört zu werden. Männer hingegen, suchen im Gespräch mit der Partnerin sofort nach einer Lösung.

Frauen und Männer verständigen sich unterschiedlich. Das verursacht oft Missverständnisse, die auch ausarten können.

Was viele Männer denken:

Die Männer glauben ein guter Versorger zu sein, sei vorrangig. Das ist Grundsätzlich nichts Schlechtes.

Dann langsam aber sicher, führt man einander nicht mehr oft aus, er macht ihr keine netten Komplimente mehr. Sie schaut zu und denkt, er hätte kein Interesse mehr.

Und wenn ein Mann das Interesse verliert, vermutet man eine andere im Spiel.

Frauen hingegen verhalten sich in einer Beziehung in etwa so:

Sie ruft ihn an, nur um zu wissen wie sein Tag so läuft, und woran er gerade denkt und ob er auch an sie denkt. Frauen die noch sehr verliebt sind, denken sehr oft an ihren Liebsten.
Sie sucht den ganzen Tag nach den perfekten Klamotten und Make-Up. Sogar die Frisur wird geändert, nur damit er sieht, wie sehr sie sich nur für Ihn zu Recht macht. Aber die meisten, merken es nicht einmal.

Klingt traurig ist aber leider wahr. Da wünscht sich jeder dieser Frauen, sie könnten mit den Männern tauschen, nur damit auch er mal sieht wie sich das anfühlt.
Ihr seht liebe Männer, Frauen sind Gefühlswesen und reagieren sehr Emotional. Eine Frau zu verstehen ist nicht möglich, aber man(n) kann versuchen, sich in ihre Lage zu versetzen.

Stellt euch vor: Ihr erledigt den Haushalt, kocht was Nettes zu Abend, dann macht ihr euch zu Recht (geht womöglich noch vorher neue Unterwäsche und ein neues Hemd einkaufen, oder lässt euch die Haare schneiden).

Dann kommt der Moment der Wahrheit, ihr steht gestriegelt und aufgebrezelt in der Küche um eure Liebste, mit einem charmanten Lächeln und einem Kuss zu begrüßen.
Sie steigt aus ihrem Wagen, gibt der Wagentür einen Schubs mit ihren Hüften und kommt langsam auf die Eingangstür zu.

Ihr steht schon ganz nervös dahinter und freut euch auf ihr Gesicht, dass sie machen wird, wenn sie sieht wie viel Mühe ihr euch gemacht habt, nur um ihr einen schönen Abend zu bescheren.
Mit Sicherheit wird sie vor Freude ausflippen.
Sie schließt die Tür auf und kommt mit einem Lächeln auf euch zu. Sie zieht sich ihre Schuhe aus, die sie den ganzen Tag getragen hat und fängt an zu erzählen wie schwer ihr Tag war und das sie jetzt zuerst einmal eine Dusche braucht und sich dann auf ein warmes Essen freut.

Mit einem Schmatzer auf die Lippen geht sie dann direkt ins Schlafzimmer um dann gleich duschen zu gehen.

Eure Enttäuschung überwiegt zwar, aber ihr steckt das locker weg. Das soll den Abend nicht verderben. Also bereitet ihr alles vor, damit sie sich an den Tisch setzen und essen kann.

Das Duschwasser wird jetzt abgedreht und das ist euer Zeichen, dass es jetzt gleich mit dem Abendessen losgehen kann.

Sie kommt an den Tisch und freut sich aufs Essen. Stolz fangt ihr an zu erzählen was so den ganzen Tag abgegangen ist, um für sie ihr Lieblingsessen zu kochen. Gerade als Ihr zum Punkt kommen wollt, dass Sie sich ein neues Hemd gekauft haben, unterbricht eure Liebste das Gespräch mit einem: "Schatz ich hatte heute einen harten Tag, können wir bitte einfach nur essen?" Ohne auf eine Antwort zu warten bedankt sie sich und isst weiter. Gekränkt und enttäuscht esst ihr weiter, ohne ein Wort miteinander zu wechseln.

Nach dem Essen steht sie auf, bedankt sich mit einem Kommentar darüber, dass es etwas Fade geschmeckt hat, fürs Essen und geht auf die Couch.

Mit einer Wut im Bauch darüber, dass du den ganzen Tag nichts anderes getan habt als zu sorgen, dass es ein schöner Abend wird, stehst du auf und

beginnst den Tisch abzuräumen. Mit jedem Gang zur Küche wird der Frust immer grösser, und das Geschirr in der Spüle immer lauter, sodass auch ihr nicht entgehen kann, dass etwas nicht in Ordnung ist.

Von der Couch aus ruft sie in die Küche:

"Geht das auch etwas leiser!"

So und jetzt ist läuft das Fass über. Mit stampfenden Schritten gehst du auf die Couch zu, um dem Fräulein mal zu erklären, was du den ganzen Tag getan hast um ihr einen schönen Abend zu bescheren.

Angefangen beim Haushalt, wofür du den halben Tag dafür gebraucht hast, dann die Wäsche gewaschen, den Einkauf erledigt und das Essen gekocht hast. Und das Alles nur für SIE! In dem ganzen Trouble hast du dennoch die Zeit gefunden, dir die Haare schneiden zu lassen sowie neue Kleidung zu kaufen.

Sie schaut euch an und sagt ganz trocken:
"Naja, du bist ja auch den ganzen Tag zuhause. Du kannst dir deinen Tag einteilen. Du kannst selber bestimmen wann du was tust. Wenn du da in Stress kommst, dafür kann ich doch nichts oder?"
Und so beginnt dann der Große Streit.

Na kommt euch das bekannt vor, liebe Männer?
Das heißt jetzt nicht, dass es bei jedem so abläuft, es gibt auch Paare da gehen beide den ganzen Tag arbeiten und dennoch erledigen die Frauen

das meiste im Haushalt und damit sind auch alle einverstanden damit.

Aber was ist, wenn es auch bei dir zuhause in etwa so wie im Beispiel läuft?

Da habe ich einen Vorschlag für die Zukunft: Frag deine Frau doch mal, was sie den ganzen Tag oder nach der Arbeit alles zuhause erledigt?

Kehrt das ganze mal um. Eine ganze Woche erledigt die Frau die Männerarbeit und die Männer die Frauenarbeit zu hause. Natürlich muss es für beide stimmen und machbar sein, um dieses Experiment machen zu können, aber einen Versuch ist es sicher wert.

Nach dieser Woche werden, beiden die Augen geöffnet

Respekt, Verständnis, Liebe und Leidenschaft und hin und wieder kleine Gefühls-Explosionen, machen eine gute Beziehung aus.

Seien wir doch mal ganz ehrlich

Bei jedem gibt es die guten und die schlechten Zeiten im Bett. Ich nehme an, du steckst im Moment in einer Phase in der du dir etwas mehr Aufregung und Leidenschaft wünschst.

Dann habe ich hier noch ein paar Extras, die dir sicher helfen können:

Vorschlag Nr.1:

Der erste Tipp kann für Unerfahrene etwas unkonventionell erscheinen, ich aber, bin der Meinung, dass es jetzt Zeit wird neue Wege einzuschlagen. Geh ins Internet und bestell für dich und deinen Schatz einige Lovetoys die Sie gemeinsam ausprobieren werdet.

Stell dir vor, wie dein Schatz reagieren wird, wenn sie / er ein neutral verpacktes Paket erhält. Gespannt über diese Überraschung wird das Päckchen geöffnet und prickelndes Liebesspielzeug ist bereit, ausprobiert zu werden.

Hier ist es sehr wichtig, dass du beim Eintreffen des Pakets zuhause bist, um eventuelle Missverständnisse gleich klären zu können.

Wenn der Partner nicht gleich vor Freude an die Decke springt, keine Sorge, du wirst bestimmt einen Weg finden, die Toys in euren neuen Liebesleben einzubauen ;-)

Vorschlag Nr.2:

Der nächste Tipp sorgt mit Sicherheit, für frischen Wind in euer Sexleben:

Das nächste Schäferstündchen, verbringt ihr beide in einem anderen Bett! Ja richtig gelesen.

Warum nicht einmal andere Bettfedern zum Quietschen bringen?

In einer fremden Umgebung sind wir meist entspannter und dadurch zügelloser als sonst, da niemand euer unüberhörbares Liebesleben durch Klopfen stören könnte.

Jetzt heisst es, schnell ein Hotelzimmer buchen, die heißen Dessous und scharfe Toys nicht vergessen und ab geht die Lust-Reise.

Tragt dieses Erlebnis ebenfalls in ein Tagebuch und macht Bilder von eurer unbeschwerten Zeit.

Als nächstes wird es Bunt:

Bodypainting heißt der nächste
Schritt.Beim Bodypainting wird
entweder mit Schokolade oder
auch alternativ mit Erdbee-
re/Sekt Body Powder, jeden
Zentimeter Haut des Partners verwöhnt und er-
forscht.
Hierbei kannst du dich künstlerisch austoben
und sexy Botschaften hinterlassen.
Gemeinsam könnt ihr so, eine prickelnde
Variante der Erotik genießen.

Eine gemeinsame Dusche danach, wird euch
ebenfalls dazu animieren, euch weiter zu berüh-
ren und das kann ebenfalls zu einer intimen Zu-
sammenkunft führen ;-)

Alles was du ausprobieren willst, solltest du jetzt
tun. Sprecht euch nur vorher kurz ab und legt
dann los.

Es gibt noch vieles mehr zu entdecken. Auf meinem Blog, liebes-kiste.ch gibt es ganz viele weitere Artikel, die euch dabei helfen euer Liebesleben und Beziehung aufregender zu gestalten.

Frauen macht mit im Bett!

Wie mit den Frauen habe ich auch mit Männern über ihr Liebesleben geplaudert.
Das Gespräch mit ihnen, war äußerst interessant,
Lehrreich sowie Amüsant.
Sehr offen haben sie sich mit mir unterhalten.
Hier habe ich für euch ein kleines
Interview zusammengestellt, dass ich mit einem
netten Herrn, an einem Freitagabend
in einem gemütlichen Lokal geführt habe:

Darf ich dir einige persönliche Fragen über dein Liebesleben stellen: Schmunzelnd antwortet er, „Ja sicher."

Wie läuft es zurzeit in deiner Beziehung?

André: Grundsätzlich läuft es gut. Der Alltag hat sich eingeschlichen und auch im Bett läuft es routiniert ab.

Wenn du drei Wünsche frei hättest, was würdest du in deiner jetzigen Beziehungs-Situation ändern wollen?

André: Mehr Spontanität, Offenheit was ihre Sexuelle Wünschen anbelangt und Ehrlichkeit im Bett. Sie soll mir nichts vormachen oder gar einen Orgasmus vortäuschen. Denn im Endeffekt belügt sie sich damit auch selbst.

Hat deine Frau Mühe sich dir gegenüber zu öffnen und zu sagen was sie sich im Bett wünscht?

André: Ja leider. (Er sieht mich nachdenklich und auch etwas bedrückt an)

Das kann und wird über kurz oder lang, zur Belastung der Beziehung. Wenn wir nicht offen, über unsere Wünsche im Schlafzimmer reden können, wird sich auch nichts ändern. Wenn ich nicht weiß, was sie sich von mir im Bett vorstellt, werde ich sie nicht so befriedigen können, wie sie sich das wünscht.

Kannst du einschätzen, wie sehr deiner Frau euer Liebesleben gefällt, so wie es gerade ist?

André: Ich habe das Gefühl, es langweilt sie eher, als es ihr Freude bereitet.

Wieso denkst du das?

André: Weil Sie da liegt wie ein steifes Brett, ohne sich zu bewegen, oder geschweige zu stöhnen. An diesem Punkt kann ich mir gleich eine Liebespuppe zulegen.

Hast du sie schon mal darauf angesprochen, dass du das Gefühl hast, es macht ihr keinen Spaß im Bett?

André: Ansatzweise, das Ergebnis war jedes Mal ernüchtern.

Wie reagiert sie in der Regel darauf?

André: Sie ist jedes Mal gleich beleidigt, fühlt sich angegriffen und das führt Schlussendlich zum Streit. Das Gespräch führt erneut ins Nichts.

Hast du denn schon mal, von dir aus im Bett, etwas anderes gemacht oder auch schon mal ein Toy zum Einsatz gebracht?

André: Ich habe mehrere Versuche gestartet. Ich kam einmal mit einem Geschenk zu ihr, sie hat es geöffnet und als sie gesehen hat, dass es Reizwäsche war, hat sie sich ein Dankeschön abgemüht, jedoch die Wäsche nie getragen. Tage später nahm ich ein Spielzeug mit nach Hause, dann hat sie es in die Schublade gelegt und dort staubt es vor sich hin. Als guter Letzt, habe ich ihr mehrere neue Stellungen vorgeschlagen, dies wurde jedoch mit einem desinteressierten: "Wofür soll das gut sein?", abgeschlagen.

Das klingt für mich so als ob ihr noch andere Schwierigkeiten habt, als nur im Schlafzimmer, kann das sein?

André: Ja das kann gut möglich sein. Ich erwarte nicht viel, aber auch ein Interesse ihrerseits, wäre Wünschenswert.

Liebe Frauen auch wir tragen viel dazu bei, wie gut unser Liebesleben läuft. Auch wir müssen über unseren Schatten springen, offen über unsere Träume sprechen und uns vor allem im Schlafzimmer gehen lassen. Wenn es uns langweilig im Bett ist, dann wird der Sex ebenso langweilig, öde und fad. Wir erwarten von unserem Partner, dass er uns jeden Wunsch von den Augen abliest, aber auch wir müssen uns um unseren Partner kümmern.

Also zeigt das nächste Mal Einsatz, gibt alles, aber vor allem:

LASST EUCH GEHEN!

Wie sagt man so schön, eine Heilige in der Küche und eine Hure im Bett.

Muss eine Frau immer kommen?

Nein, aber irgendwie doch, ja. Tolle Antwort ich weiß ;-)
Ich habe diese Frage, mal bei meinem Mädels - Abend in die Runde geworfen um zu sehen wie die anderen das sehen.

Müsst ihr kommen um beim Sex Spaß zu haben?

Zuerst sagten alle laut: „JA!!" Dann nach einigen Minuten des Gekichers und lauter Diskussion, sagten fast alle folgenden Satz:

„Nein natürlich nicht. Ich kann mit meinem Mann auch schönen Sex haben, ohne einen Orgasmus zu haben. Mir spielt es keine Rolle."

Ja ich glaube den Mädels auch nicht, also hackte ich nach und formulierte die
Frage anders:

Wie sieht es mit gutem Sex aus?

Da wurden meine Mädels laut: „Ja, sicher, ansonsten ist es ja nicht perfekt!"

Es fielen auch Sätze wie: „Für guten Sex, gehört der Orgasmus einfach dazu!"

Eine Freundin überraschte mich dann, mit folgender Aussage:

„Ich komme sowieso jedes Mal und nicht nur einmal." (Ja diesen Satz kam von Derjenigen, die es ganz gerne sehr schmutzig mag) Und es kommt noch besser:
„Mein Mann weiß genau, welche Knöpfe er drücken muss."

Bei dieser Antwort schossen mir Bilder durch den Kopf, die ich sofort verdrängen wollte. Und ich weiß genau, du siehst dasselbe wie ich.

Nach einem lustigen, lauten Abend, sah ich folgende Erkenntnis:

Ob es wichtig ist oder nicht, beim Sex einen Orgasmus zu haben hängt von jedem Persönlich ab.

Für einige Frauen spielt es keine Rolle, ob sie kommen oder nicht, andere wiederum finden es sehr wichtig einen Orgasmus zu haben und sind frustriert oder enttäuscht, wenn ihr Liebster ihre Glocke nicht zum Klingeln gebracht hat.

Meiner Meinung nach, gehört ein Orgasmus dazu. Klar ist es schön mit dem Partner intim zu sein und sich nahe zu fühlen, aber mal ganz ehrlich: Auch eine Frau will einfach nur fi*** um Druck abzulassen.

Kurzgeschichte kann zu Rollenspiel verhelfen

Ich als begeisterte Kurzgeschichten Verfasserin und Konsumentin, finde Kurzgeschichten um einiges aufregender, als einen Erotikfilm. Warum?

Ganz einfach: Weil ich beim Lesen der Geschichte, meine eigene Fantasie aktiviere. Ich stelle mir die Hauptdarsteller so vor, wie ich es will, statt die zu „Benutzen" die mir vorgesetzt werden. Ich folge nicht einem typischen Film – Schema.

Versucht es selber mal und tauscht euch danach aus. Erzählt einander von der gelesenen Geschichte.

Wenn du etwas schüchtern sein solltest, dann bitte den anderen darum, die einzelnen Passagen selber zu lesen, um sich selbst ein Bild davon zu machen.

Stell dir vor wie es wäre, wenn die Hauptperson in der Geschichte, dein Partner wäre, und dieser verwöhnt sein gegenüber, nach allen Künsten der Lust. Wäre es nicht aufregend,
wenn du in diesem Moment sein Gegenüber wärst?

Reg deine Fantasie an, sei kreativ. Lass dich inspirieren und neues versuchen.
Lass nicht deine Angst vor neuen Herausforderungen, gewinnen.
Nimm es selbst in die Hand und liebe so, wie du es dir wünschst und brauchst.
Versuch auch mal Telefonsex.

Telefonsex ist einer von vielen großartigen Wegen, dein Sexleben aufzufrischen. Es spielt dabei keine Rolle, ob du gerade in Stimmung für Sex bist oder einfach nur so aus Spaß.

Lies hier, wie du solch ein Gespräch gestalten könntest:

- Vereinbare vorher mit deinem Partner ein Telefondate. Das ist der aller wichtigste Punkt mit dem du beginnen musst, wenn ihr beide vorher noch nie Telefonsex hattet.

- Knisternde Erotik bei dir zu Hause schaffen. Zu gutem Telefonsex gehört die richtige Atmosphäre einfach dazu. Zünde ein paar Kerzen an, lösche das Licht und leg Musik auf, die dich in Stimmung bringt. Bereite alles so vor, als hättest du gleich echten Sex.

- Nimm vorher ein entspannendes, langes Bad oder eine kurze Dusche. Nutzen die Gelegenheit um dich eventuell zu rasieren. Danach ziehst du die Wäsche an, in der du dich sexy fühlst.

- Sei entspannt. Vergiss alles um dich herum und lass dich gehen. Mit einem Glas Wein legst du dich dann ins Bett. Wenn du dich nicht voll und ganz darauf einlassen kannst, dann versuche es ein anders Mal.

- Sobald es los geht, sprich mit einer sanften und verführerischen Stimme. Beschreib was du anhast, während deine Finger über die Stelle fahren, die du gerade beschreibst.
Erzählen wie du dich, wo berührst und wie sehr es dich erregt.

- Gib ruhig auch Befehle. Sag ihm, dass er sich das Hemd aufknöpfen und ausziehen soll. Bestimme was als nächstes auf den Boden fallen, oder wo sich berührt werden soll.

- Berühr dich selbst an der intimsten Stelle. Lass deinen Zuhörer wissen, dass deine Hand, ins Höschen rutscht und dann über die Spalte gleitet. Teile dich mit, wie sich das gerade anfühlt.

Es gibt nichts Erregenderes, als wenn der Partner zuhören kann, wie dein Blut langsam in Wallung kommt.

- Dein Orgasmus steht unmittelbar davor, dann teile das auch mit. Am idealsten wäre es, wenn ihr beide gleichzeitig diesen Punkt erreicht, was sehr schwierig sein kann, denn beim realen Sex geschieht dies auch nicht immer. Also bleib locker, wenn es nicht so passiert ;-)

- Sobald ihr beide zum Höhepunkt gekommen seid, legt nicht gleich auf hört einander beim Atmen zu.

- Beendet das Gespräch, sobald ihr euch etwas gefasst habt. Sag ihr/ihm, wie sehr es dir Spaß gemacht hat und das nächste heiße Gespräch wird mit Sicherheit nicht lange auf sich warten lassen ;-)

Schlusswort

Nun liegt es an dir den nächsten Schritt zu machen, und einiges in die Tat um zu setzen. Nicht verzweifeln, wenn es nicht auf Anhieb klappt. Es braucht Zeit, um sich wieder so zu lieben, wie vorher. Wenn dann noch das Schicksal, seine Finger im Spiel hat, dann wird es nicht einfacher.

Mit Sicherheit wirst du es anpacken und nicht enttäuscht sein, es versucht zu haben.

Diese kleinen Hilfsmittel die ich dir aufzeige, sind nur ein Bruchteil von dem, was man noch alles tun kann um wieder Schwung ins Liebesleben zu bringen.

Ich habe hier die Punkte aufgeführt, von denen ich selber und/oder von anderen gehört habe, dass es funktioniert.

Genießt die Zweisamkeit und vergesst für einen kleinen Moment, den Alltag, den Stress und all den Ballast der uns Täglich heimsucht.

Von ganzem Herzen

Diesen Ratgeber zu schreiben hat mir riesen Spaß gemacht, jedoch wäre dies ohne die Hilfe meines Unterstützers sowie meine Freunde nicht möglich gewesen. Ich danke euch für eure Ehrlichkeit, Offenheit und Geduld.

Ein Riesendank auch an alle meine Leser, Blog Follower und alle die neu dazugekommen sind.

Nehmt die Tipps und Ratschläge an. Diesen Ratgeber habe ich nur für euch geschrieben, in der Hoffnung er möge euch in eurer Situation helfen und einander näherbringen.

Auf meinem Blog, (liebes-kiste.ch) könnt ihr weitere spannende Artikel lesen.

Auch auf eure Kommentare freue ich mich und bei Fragen oder Anregungen, scheut euch nicht mir zu schreiben. Berichtet mir von euren Erfahrungen mit meinem Ratgeber.

Nun bleibt nur noch eins zu sagen: Hört einander zu, seid für einander da und liebt euch jeden Tag aufs Neue.

Deine Gwendoline

Verständigung ist der
Nährstoff der, die
Beziehung stärkt
Die Liebe ermöglicht der
Beziehung zu Wachsen und
lässt dann die
Leidenschaft in seiner gan-
zen Pracht Erblühen

(Gwendoline P. Point)